Name   *Guest*

Name
Guests
Thoughts

Name	*Guests*	Thoughts

Name   *Guests*   Thoughts

Name   *Guests*   Thoughts

Name	Guests	Thoughts

Name   *Guests*   Thoughts

Name *Guests* Thoughts

Name *Guests* Thoughts

_____

_____

_____

_____

_____

_____

_____

_____

Name   *Guests*   Thoughts

Name

Guests

Thoughts

Name	*Guests*	Thoughts
_____		_____
_____		_____
_____		_____
_____		_____
_____		_____
_____		_____
_____		_____
_____		_____

Name · *Guests* · Thoughts

Name   # Guests   Thoughts

Name

Guests

Thoughts

Name   *Guests*   Thoughts

Name　　　*Guests*　　　Thoughts

_____　　　_____

_____　　　_____

_____　　　_____

_____　　　_____

_____　　　_____

_____　　　_____

_____　　　_____

_____　　　_____

_____　　　_____

Name	Guests	Thoughts

Name *Guests* Thoughts

Name   *Guests*   Thoughts

Name	*Guests*	Thoughts

Name   *Guests*   Thoughts

Name   *Guests*   Thoughts

Name

Guests

Thoughts

Name

Guests

Thoughts

Name　　*Guests*　　Thoughts

Name

Guests

Thoughts

Name   *Guests*   Thoughts

Name   *Guests*   Thoughts

Name   *Guests*   Thoughts

Name   # Guests   Thoughts

Name	Guests	Thoughts

Name ## Guests Thoughts

Name   *Guests*   Thoughts

_____   _____

_____   _____

_____   _____

_____   _____

_____   _____

_____   _____

_____   _____

_____   _____

_____   _____

Name　　　*Guests*　　　Thoughts

Name   *Guests*   Thoughts

Name

Guests

Thoughts

Name   *Guests*   Thoughts

Name *Guests* Thoughts

Name

Guests

Thoughts

Name

Guests

Thoughts

Name	*Guests*	Thoughts

Name **Guests** Thoughts

_____   _____

_____   _____

_____   _____

_____   _____

_____   _____

_____   _____

_____   _____

_____   _____

_____   _____

Name   *Guests*   Thoughts

Name

Guests

Thoughts

Name   *Guests*   Thoughts

Guests

Name	Thoughts

Name   *Guests*   Thoughts

Name	*Guests*	Thoughts

Name   *Guests*   Thoughts

_____ | _____

_____ | _____

_____ | _____

_____ | _____

_____ | _____

_____ | _____

_____ | _____

_____ | _____

_____ | _____

Name   *Guests*   Thoughts

Name   *Guests*   Thoughts

Name   *Guests*   Thoughts

Name	*Guests*	Thoughts

Guests

Name	Thoughts

Name   *Guests*   Thoughts

_____   _____

_____   _____

_____   _____

_____   _____

_____   _____

_____   _____

_____   _____

_____   _____

Guests

Name	Thoughts

Guests

Name	Thoughts

Name	*Guests*	Thoughts

Name $\quad$ *Guests* $\quad$ Thoughts

Name   *Guests*   Thoughts

Name	*Guests*	Thoughts

Guests

Name   Thoughts

_____   _____

_____   _____

_____   _____

_____   _____

_____   _____

_____   _____

_____   _____

_____   _____

_____   _____

Name   *Guests*   Thoughts

Guests

Name	Thoughts

Name   *Guests*   Thoughts

Name *Guests* Thoughts

Name   *Guests*   Thoughts

Name   Guests   Thoughts

Name	*Guests*	Thoughts

Name	*Guests*	Thoughts

Name *Guests* Thoughts

_____   _____

_____   _____

_____   _____

_____   _____

_____   _____

_____   _____

_____   _____

_____   _____

_____   _____

Name *Guests* Thoughts

Name　　　*Guests*　　　Thoughts

Name **Guests** Thoughts

Name

Guests

Thoughts

Name   *Guests*   Thoughts

Name $\quad$ *Guests* $\quad$ Thoughts

Name   *Guests*   Thoughts

Name

Guests

Thoughts

Name   *Guests*   Thoughts

Name　　　　　*Guests*　　　　　Thoughts

Name | *Guests* | Thoughts

_____ _____

_____ _____

_____ _____

_____ _____

_____ _____

_____ _____

_____ _____

_____ _____

Name *Guests* Thoughts

Name Guests Thoughts

Name

Guests

Thoughts

Name _Guests_ Thoughts

Name   *Guests*   Thoughts

Name

Guests

Thoughts

Name   *Guests*   Thoughts

Name

Guests

Thoughts

Name   *Guests*   Thoughts

Name   *Guests*   Thoughts

Name　　　*Guests*　　　Thoughts

_____　_____

_____　_____

_____　_____

_____　_____

_____　_____

_____　_____

_____　_____

_____　_____

_____　_____

Guests

Name	Thoughts

Name　　　*Guests*　　　Thoughts

_____　　　_____

_____　　　_____

_____　　　_____

_____　　　_____

_____　　　_____

_____　　　_____

_____　　　_____

_____　　　_____

_____　　　_____

Name

Guests

Thoughts

_____   _____

_____   _____

_____   _____

_____   _____

_____   _____

_____   _____

_____   _____

_____   _____

Name   *Guests*   Thoughts

_____

_____

_____

_____

_____

_____

_____

_____

_____

Name

Guests

Thoughts

Name   *Guests*   Thoughts

Name   *Guests*   Thoughts

Name	*Guests*	Thoughts

Guests

Name	Thoughts

Name   *Guests*   Thoughts

_____   _____

_____   _____

_____   _____

_____   _____

_____   _____

_____   _____

_____   _____

_____   _____

_____   _____

Name  Thoughts

Name **Guests** Thoughts

Name

Guests

Thoughts

Name *Guests* Thoughts

Name   *Guests*   Thoughts

Name

Guests

Thoughts

Name

Guests

Thoughts

Name **Guests** Thoughts

Name　　　*Guests*　　　Thoughts

Name   *Guests*   Thoughts

_____   _____

_____   _____

_____   _____

_____   _____

_____   _____

_____   _____

_____   _____

_____   _____

_____   _____

Guests

Name	Thoughts

Name   *Guests*   Thoughts

_____   _____

_____   _____

_____   _____

_____   _____

_____   _____

_____   _____

_____   _____

_____   _____

Name   *Guests*   Thoughts

Name   *Guests*   Thoughts

Name   *Guests*   Thoughts

Name   *Guests*   Thoughts

Name   *Guests*   Thoughts

Name   *Guests*   Thoughts

Name

Guests

Thoughts

Name

Guests

Thoughts

Name   *Guests*   Thoughts

Name   *Guests*   Thoughts

_____   _____

_____   _____

_____   _____

_____   _____

_____   _____

_____   _____

_____   _____

_____   _____

_____   _____

Name　　　*Guests*　　　Thoughts

Name	*Guests*	Thoughts

Name　　　*Guests*　　　Thoughts

Guests

Name	Thoughts

Guests

Name	Thoughts

Name · *Guests* · Thoughts

Name

Guests

Thoughts

Name   *Guests*   Thoughts

Name   *Guests*   Thoughts

Name   *Guests*   Thoughts

_____   _____

_____   _____

_____   _____

_____   _____

_____   _____

_____   _____

_____   _____

_____   _____

_____   _____

Name
Guests
Thoughts

Name　　　　Guests　　　　Thoughts

Guests

Name	Thoughts

Name   *Guests*   Thoughts

Name   *Guests*   Thoughts

Name	*Guests*	Thoughts

Name

Guests

Thoughts

Name   *Guests*   Thoughts

Name   *Guests*   Thoughts

Name   *Guests*   Thoughts

_____   _____

_____   _____

_____   _____

_____   _____

_____   _____

_____   _____

_____   _____

_____   _____

_____   _____

Guests

Name	Thoughts

Name   *Guests*   Thoughts

Name *Guests* Thoughts

Name
Guests
Thoughts

Made in the USA
San Bernardino, CA
29 April 2020

69240985R00084